scuola - skule	2
viaggio - reise	5
trasporto - transport	8
città - by	10
paesaggio - landskap	14
ristorante - restaurant	17
supermercato - matbutikk	20
bevande - drikkevarer	22
cibo - mat	23
fattoria - bondegard	27
casa - hus	31
soggiorno - stove	33
cucina - kjøken	35
bagno - bad	38
stanza dei bambini - barnerom	42
vestiti - klede	44
uffico - kontor	49
economia - økonomi	51
professioni - yrker	53
attrezzi - verktøy	56
strumenti musicali - musikkinstrument	57
zoo - dyrehage	59
sport - sport	62
attività - aktivitetar	63
famiglia - familie	67
corpo - kropp	68
ospedale - sykehus	72
emergenza - naudsituasjon	76
terra - jorda	77
orologio - klokke	79
settimana - veke	80
anno - år	81
forme - former	83
colori - fargar	84
contrari - motsetnader	85
numeri - tal	88
lingue - språk	90
chi / cosa / come - kven / kva / korleis	91
dove - kvar	92

Impressum
Verlag: BABADADA GmbH, Nedderfeld 112 , 22529 Hamburg
Geschäftsführer / Verlagsleitung: Harald Hof
Druck: Books on Demand GmbH, In de Tarpen 42, 22848 Norderstedt

Imprint
Publisher: BABADADA GmbH, Nedderfeld 112 , 22529 Hamburg, Germany
Managing Director / Publishing direction: Harald Hof
Print: Books on Demand GmbH, In de Tarpen 42, 22848 Norderstedt

scuola
skule

dividere / dividere

lavagna / tavle

aula / klasserom

cortile / skulegard

insegnante / lærar

carta / papir

scrivere / skrive

penna / penn

scrivania / pult

righello / linjal

libro / bok

alunni / elev

cartella
ransel

astuccio
pennal

matita
blyant

temperino
blyantspissar

gomma
viskelær

blocco da disegno
teikneblokk

disegno
teikning

pennello
pensel

scatola dei colori
målarskrin

forbici
saks

colla
lim

libro degli esercizi
arbeidsbok

compiti
lekse

numero
tal

addizionare
addere

sottrarre
subtrahere

moltiplicare
multiplisere

calcolare
rekne

lettera
bokstav

alfabeto
alfabet

parola
ord

scuola - skule

testo	leggere	gesso
tekst	lese	krit

lezione	registro	esame
skuletime	klassebok	eksamen

certificato	uniforme	istruzione
vitnemål	skuleuniform	utdanning

  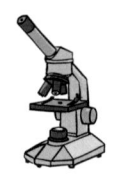

enciclopedia	università	microscopio
leksikon	universitet	mikroskop

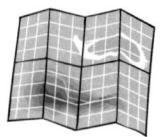 

cartina	cestino
kart	papirkorg

scuola - skule

viaggio
reise

hotel / hotell
ostello / pensjonat
uffico di cambio / vekslingskontor
valigia / koffert
automobile / bil

Lingua
språk

sì / no
ja / nei

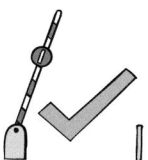

okay
okay

ciao
Hei

tradutorre
tolk

Grazie
takk skal du ha

viaggio - reise

Quanto costa…?	Non capisco	problema
Kva kostar...?	Eg forstår ikkje	problem

buona sera	Buongiorno!	Buonanotte!
God kveld!	God morgon!	God natt!

arrivederci	direzione	bagagli
ha det bra	retning	bagasje

borsa	zaino	ospite
veske	ryggsekk	gjest

camera	sacco a pelo	tenda
rom	sovepose	telt

viaggio - reise

Informazioni

turistinformasjon

spiaggia

strand

carta di credito

kredittkort

colazione

frukost

pranzo

lunsj

cena

middag

biglietto

billett

ascensore

heis

francobollo

stempel

confine

grense

dogana

toll

ambasciata

ambassade

visto

visum

passaporto

pass

viaggio - reise

trasporto
transport

traghetto
ferje

barca
båt

motocicletta
motorsykkel

auto della polizia
politibil

auto da corsa
racerbil

auto a noleggio
leigebil

carsharing
bilkollektiv

carro attrezzi
bergingsbil

camion della nettezza urbana
søppelbil

motore
motor

benzina
drivstoff

benzinaio
bensinstasjon

cartello stradale
trafikkskilt

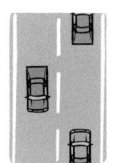
traffico
trafikk

ingorgo
trafikkork

parcheggio
parkeringsplass

stazione
togstasjon

binari
skine

treno
tog

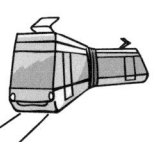
tram
trikk

vagone
vogn

trasporto - transport

elicottero
helikopter

aeroporto
flyplass

torre di controllo
tårn

passeggero
passasjer

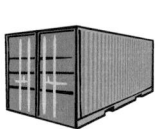
container
konteinar

pacco
kartong

carrello
tralle

cestino
kurv

decollare / atterrare
starte / lande

città
by

paese
landsby

centro
sentrum

casa
hus

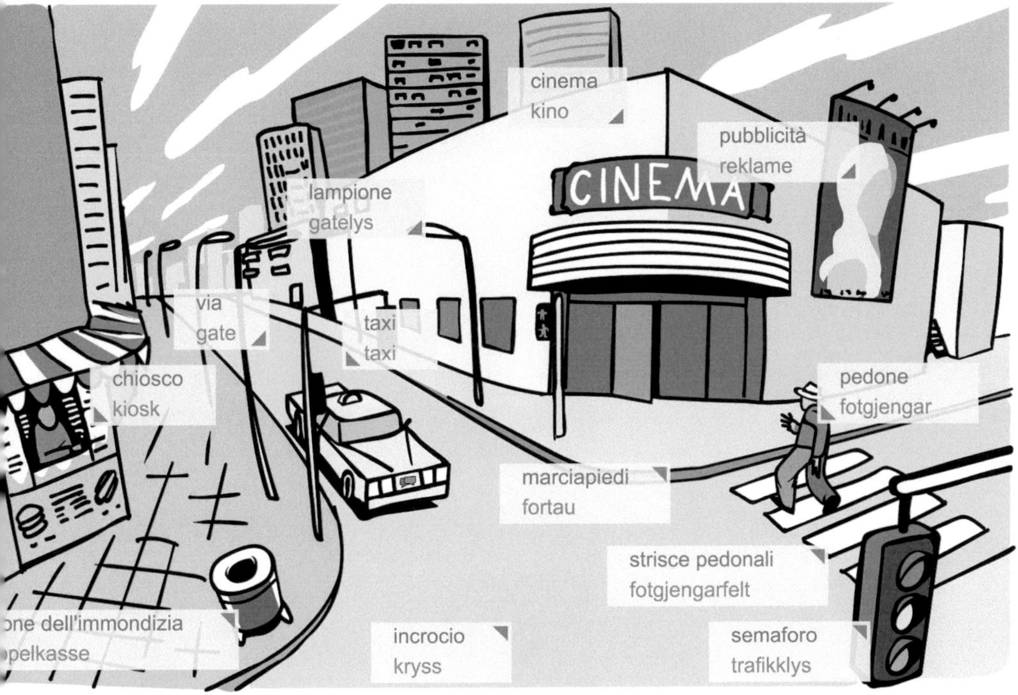

cinema
kino

pubblicità
reklame

lampione
gatelys

via
gate

taxi
taxi

chiosco
kiosk

pedone
fotgjengar

marciapiedi
fortau

strisce pedonali
fotgjengarfelt

one dell'immondizia
pelkasse

incrocio
kryss

semaforo
trafikklys

capanna
hytte

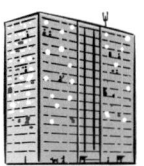

appartamento
leilegheit

stazione
togstasjon

municipio
rådhus

museo
museum

scuola
skule

città - by

università universitet	banca bank	ospedale sykehus

hotel hotell	farmacia apotek	uffico kontor

libreria bokhandel	negozio butikk	fioraio blomsterbutikk

supermercato matbutikk	mercato marknad	grande magazzino varehus

pescheria fiskehandlar	centro commerciale kjøpesenter	porto hamn

città - by

 parco / park	 panchina / benk	 ponte / bro
 scale / trapp	 metropolitana / t-bane	 galleria / tunnel
 fermata dell'autobus / busstopp	 bar / bar	 ristorante / restaurant
 cassetta delle lettere / postkasse	 segnale stradale / gateskilt	 parchimetro / parkometer
 zoo / dyrehage	 piscina / svømmebasseng	 moschea / moské

fattoria
bondegard

inquinamento
miljøforurensing

cimitero
kyrkjegard

chiesa
kyrkje

parco giochi
leikeplass

tempio
tempel

paesaggio
landskap

- foglia / blad
- cartello / vegvisar
- escursionista / turgåar
- strada / veg
- prato / eng
- pietra / stein
- albero / tre
- fiume / elv
- erba / gras
- fiore / blome

14 paesaggio - landskap

 valle / dal	 collina / fjell	 lago / innsjø
 bosco / skog	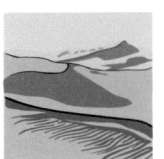 deserto / ørken	 vulcano / vulkan
 castello / slott	 arcobaleno / regnboge	 fungo / sopp
 palma / palmetre	 zanzara / mygg	 mosca / fluge
 formica / maur	 ape / bie	 ragno / edderkopp

paesaggio - landskap

coleottero
bille

rana
frosk

scoiattolo
ekorn

riccio
piggsvin

lepre
hare

gufo
ugle

uccello
fugl

cigno
svane

cinghiale
villsvin

cervo
hjort

alce
elg

diga di sbarramento
demning

turbina eolica
vindturbin

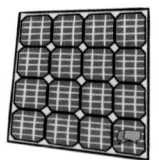
pannello solare
solcellepanel

clima
klima

paesaggio - landskap

ristorante
restaurant

- cameriere / kelner
- menù / meny
- sedia / stol
- zuppa / suppe
- pizza / pizza
- posate / bestikk
- tovaglia / duk

antipasto
forrett

piatto principale
hovudrett

dessert
dessert

bevande
drikkevarer

cibo
mat

bottiglia
flaske

ristorante - restaurant

fast food
hurtigmat

cibo di strada
gatemat

teiera
tekanne

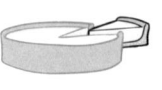

zuccheriera
sukkerskål

porzione
porsjon

macchina del caffè
espressomaskin

seggiolone
barnestol

conto
rekning

vassoio
brett

coltello
kniv

forchetta
gaffel

cucchiaio
skei

cucchiaino da tè
teskei

tovagliolo
serviett

bicchiere
glas

ristorante - restaurant

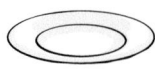		
piatto	piatto fondo	piattino
tallerken	suppetallerken	skål
	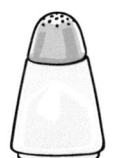	
salsa	saliera	macinino da pepe
saus	saltbøsse	pepparkvern

aceto	olio	spezie
eddik	olje	krydder

ketch up	senape	maionese
ketsjup	sennep	majones

ristorante - restaurant

supermercato
matbutikk

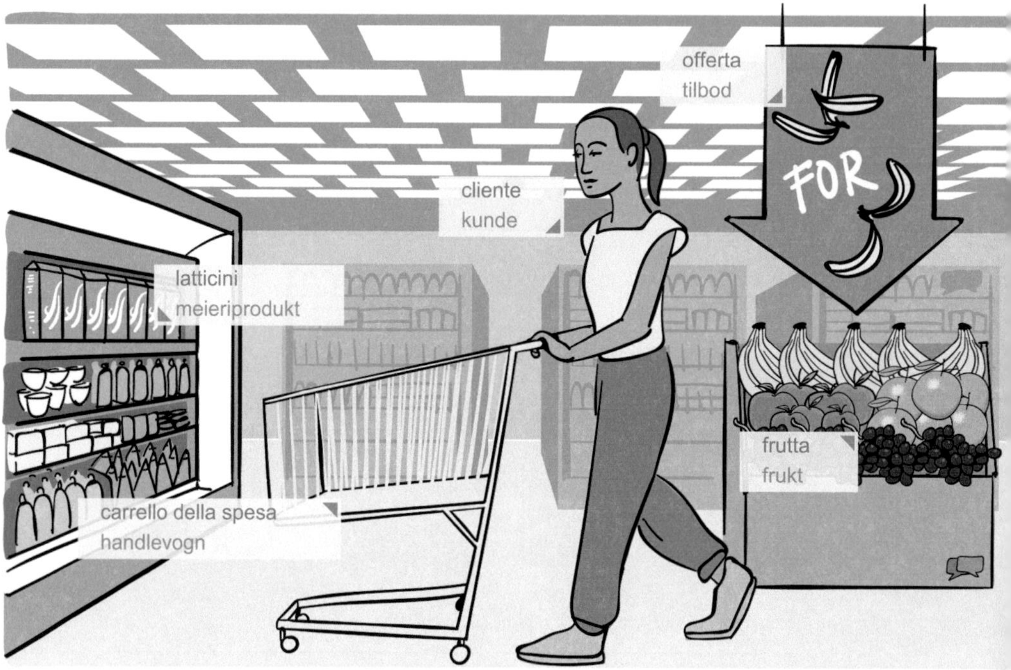

offerta
tilbod
FOR
cliente
kunde
latticini
meieriprodukt
frutta
frukt
carrello della spesa
handlevogn

BUTCHERS

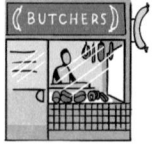

macelleria

slaktar

BAKERY

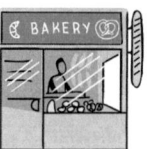

panetteria

bakeri

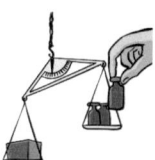

pesare

vege

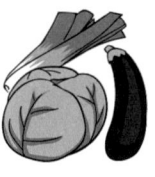

verdura

grønnsaker

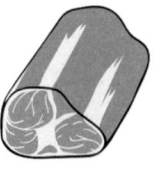

carne

kjøtt

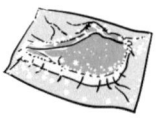

surgelati

frysevarer

affettato
oppskore pålegg

conserve
hermetikk

detersivo in polvere
vaskepulver

dolciumi
godteri

casalinghi
hushaldningsprodukt

detersivo
reingjeringsmiddel

commessa
butikkmedarbeidar

cassa
kassaapparat

cassiere
kasserar

lista della spesa
handleliste

orari d'apertura
opningstider

portafoglio
lommebok

carta di credito
kredittkort

sacchetto
veske

sacchetto di plastica
plastpose

supermercato - matbutikk

bevande
drikkevarer

acqua
vatn

succo di frutta
juice

latte
mjølk

coca-cola
cola

vino
vin

birra
øl

alcol
alkohol

cacao
kakao

tè
te

caffè
kaffi

espresso
espresso

cappuccino
cappuccino

cibo
mat

banana
banan

mela
eple

arancia
appelsin

anguria
melon

limone
sitron

carota
gulrot

aglio
kvitlauk

bambù
bambus

cipolla
løk

fungo
sopp

noci
nøtter

pasta
nudlar

spaghetti
spagetti

riso
ris

insalata
salat

patatine fritte
pommes frites

patatine fritte
steikte poteter

pizza
pizza

hamburger
hamburger

tramezzino
sandwich

cotoletta
kotelett

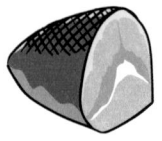

prosciutto
skinke

salame
salami

salsiccia
pølse

pollo
kylling

arrosto
steik

pesce
fisk

fiocchi di avena
havregryn

muesli
müsli

corn flakes
cornflakes

farina
mjøl

cornetto
croissant

panino
rundstykke

pane
brød

toast
rista brød

biscotti
kjeks

burro
smør

cagliata
kvarg

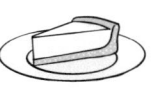
torta
kake

uovo
egg

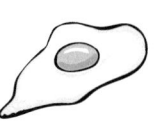
uovo al tegamino
speilegg

formaggio
ost

cibo - mat

gelato iskrem	zucchero sukker	miele honning

marmellata syltetøy	crema gianduia sjokoladepålegg	curry karri

fattoria
bondegard

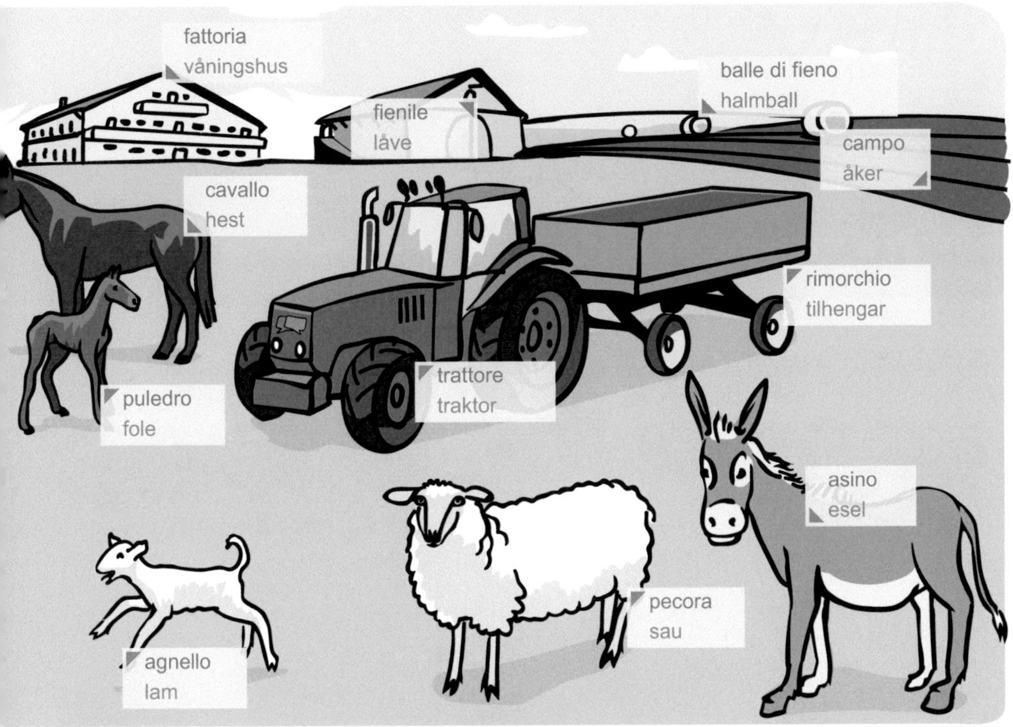

fattoria / våningshus
fienile / låve
balle di fieno / halmball
campo / åker
cavallo / hest
rimorchio / tilhenger
puledro / fole
trattore / traktor
asino / esel
agnello / lam
pecora / sau

capra
geit

mucca
ku

vitello
kalv

maiale
gris

porcellino
grisunge

toro
okse

fattoria - bondegard

oca / gås

anatra / and

pulcino / kylling

gallina / høne

gallo / hane

ratto / rotte

gatto / katt

topo / mus

bue / okse

cane / hund

cuccia / hundehus

tubo d'irrigazione / hageslange

annaffiatoio / vasskanne

falce / ljå

aratro / plog

fattoria - bondegard

falcetto
sigd

zappa
hakke

forcone
høygaffel

accetta
øks

cariola
trillebår

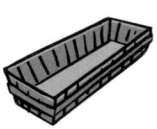

mangiatoia
trau

contenitore del latte
mjølkekanne

sacco
sekk

recinto
gjerde

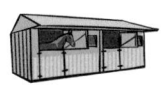

stalla
fjøs

serra
drivhus

terreno
jord

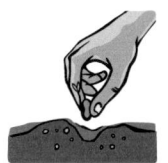

semina
frø

fertilizzante
gjødsel

trebbiatrice
skurtreskar

fattoria - bondegard

raccogliere
hauste

raccolto
innhausting

igname
yams

frumento
kveite

soia
soja

patate
potet

mais
mais

colza
raps

albero da frutta
frukttre

manioca
kassava

cereali
korn

fattoria - bondegard

casa
hus

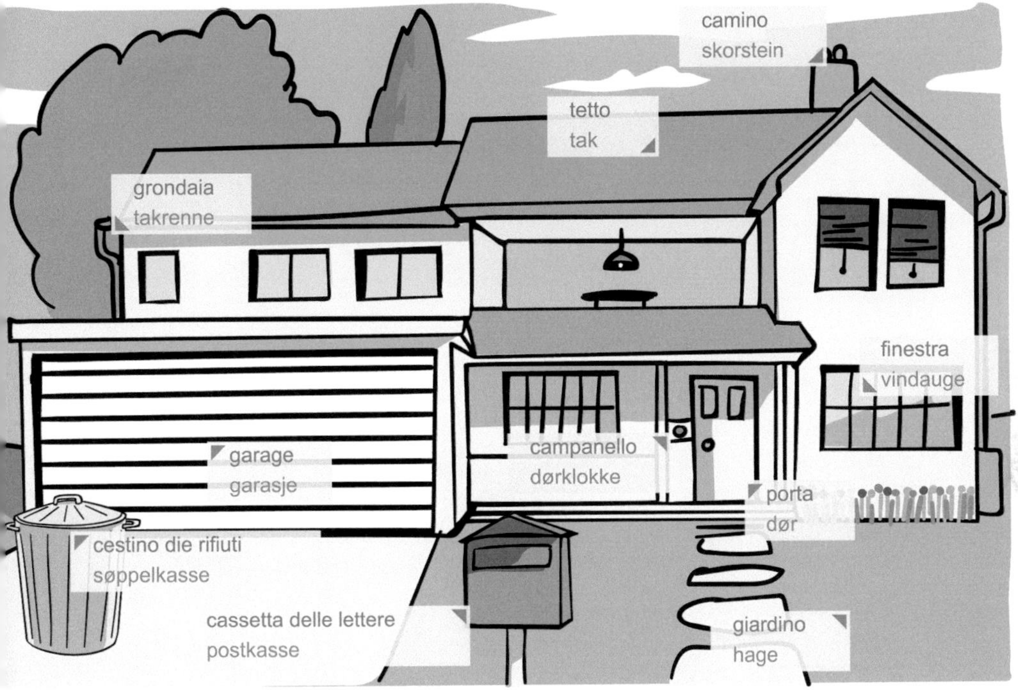

- camino / skorstein
- tetto / tak
- grondaia / takrenne
- finestra / vindauge
- garage / garasje
- campanello / dørklokke
- porta / dør
- cestino die rifiuti / søppelkasse
- cassetta delle lettere / postkasse
- giardino / hage

soggiorno
stove

bagno
bad

cucina
kjøken

camera da letto
soverom

stanza dei bambini
barnerom

sala da pranzo
spisestove

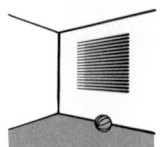	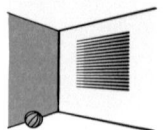	
pavimento golv	parete vegg	soffitto tak
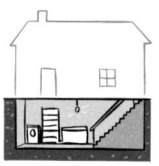		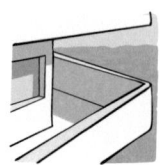
cantina kjellar	sauna badstove	balcone balkong

terrazza terrasse	piscina svømmebasseng	tosaerba grasklippar
		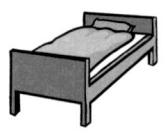
lenzuola laken	coperta dyne	letto seng

scopa kost	secchio bøtte	interruttore brytar

casa - hus

soggiorno
stove

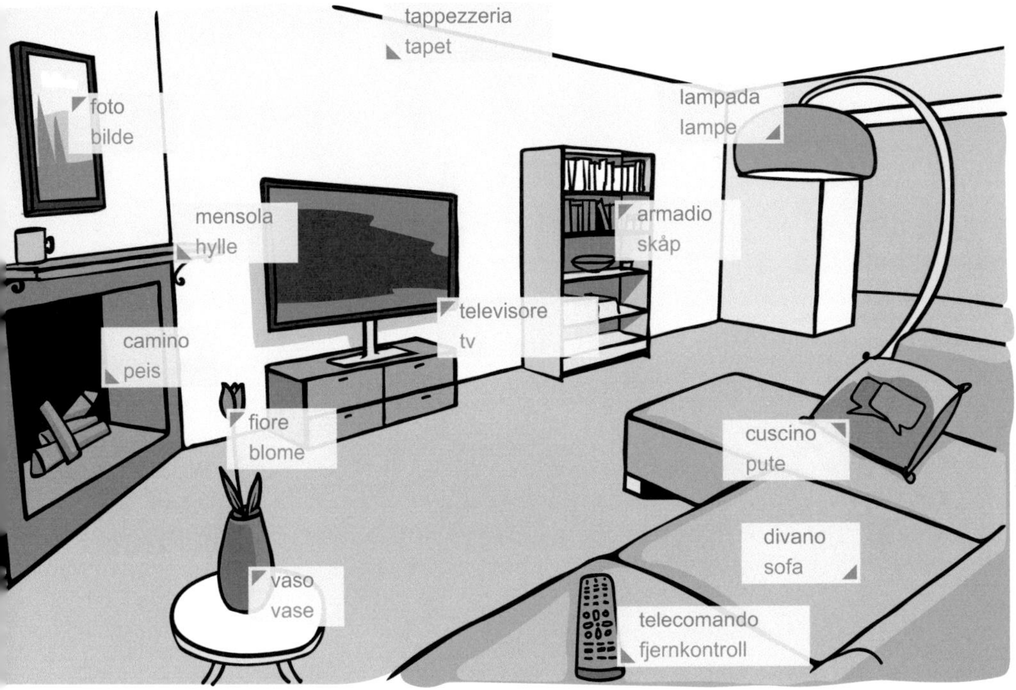

- tappezzeria / tapet
- foto / bilde
- lampada / lampe
- mensola / hylle
- armadio / skåp
- camino / peis
- televisore / tv
- fiore / blome
- cuscino / pute
- vaso / vase
- divano / sofa
- telecomando / fjernkontroll

tappeto
golvteppe

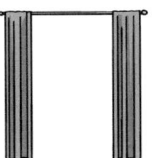
tenda
gardin

tavolo
bord

sedia
stol

sedia a dondolo
gyngestol

poltrona
lenestol

soggiorno - stove

libro
bok

coperta
teppe

decorazione
dekorasjon

legna da ardere
ved

film
film

impianto stereo
stereoanlegg

chiavi
nøkkel

quotidiano
avis

dipinto
måleri

poster
plakat

radio
radio

taccuino
notatblokk

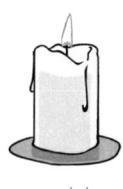

aspirapolvere
støvsugar

cactus
kaktus

candela
lys

cucina
kjøken

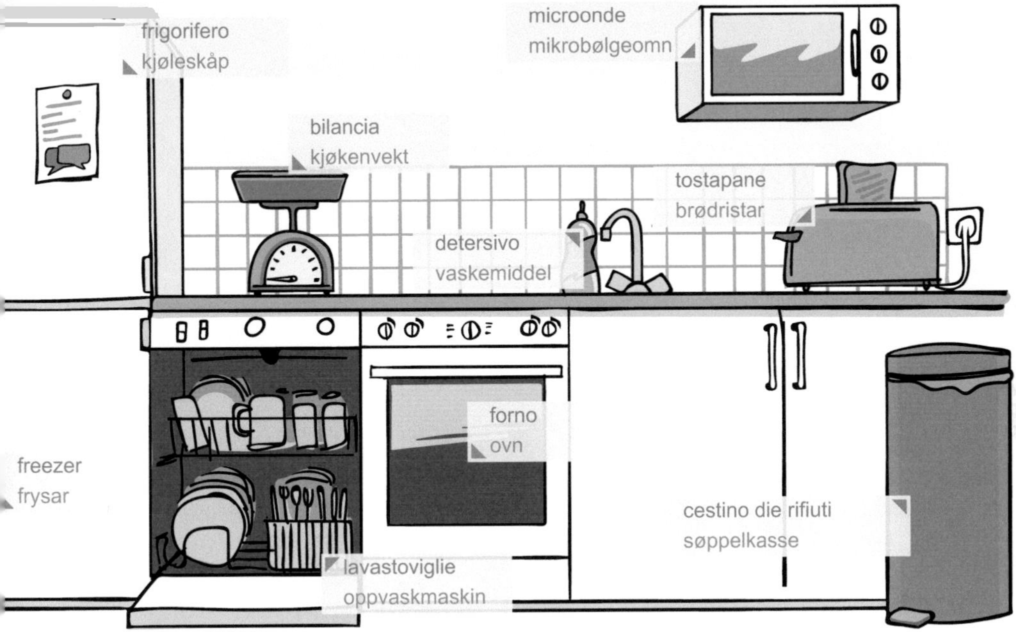

fornello
komfyr

pentola
gryte

padella di ferro
jarngryte

wok / kadai
wokpanne

padella di ferro
panne

bollitore per l'acqua
vatnkokar

vaporiera
dampovn

teglia
steikebrett

stoviglie
servise

tazza
krus

ciotola
bolle

bacchette
spisepinnar

mestolo
ause

spatola
steikespade

frusta
visp

scolapasta
sil

setaccio
sil

grattuggia formaggio
rivjarn

mortaio
mørtel

barbecue
grill

focolare
bål

cucina - kjøken

tagliere
skjærefjøl

mattarello
kjevle

cavatappi
korketrekker

lattina
boks

apriscatole
boksopnar

presina
gryteklut

lavandino
vask

spazzola
børste

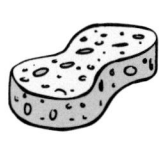
spugna
svamp

frullatore
blender

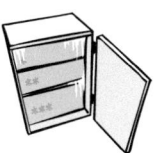
congelatore
fryseboks

biberon
tåteflaske

rubinetto
kran

cucina - kjøken

bagno
bad

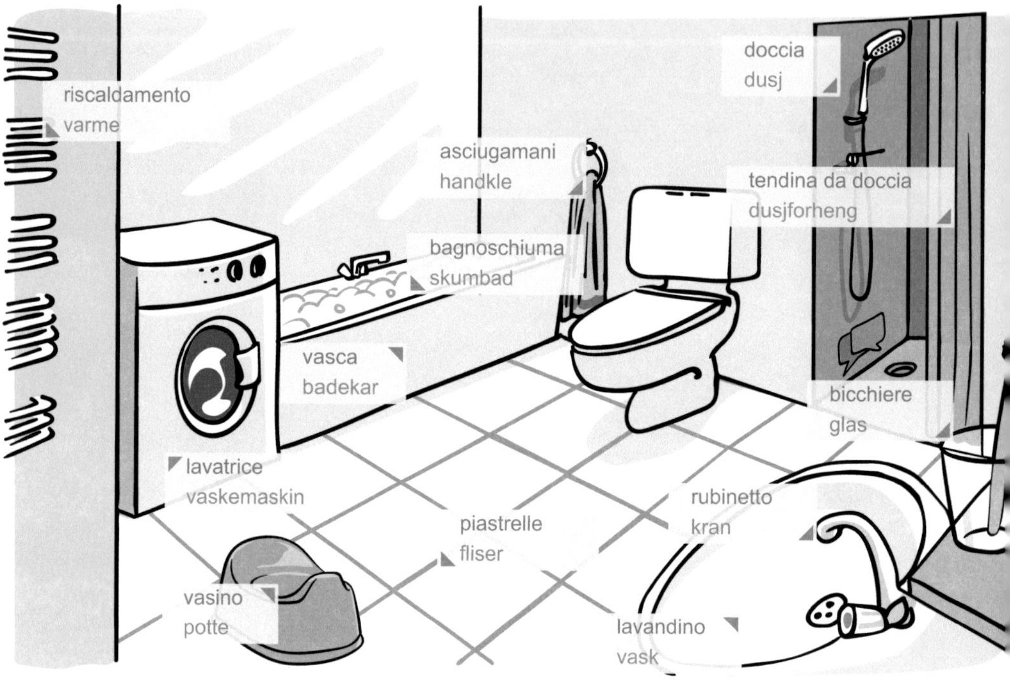

- riscaldamento / varme
- doccia / dusj
- asciugamani / handkle
- tendina da doccia / dusjforheng
- bagnoschiuma / skumbad
- vasca / badekar
- bicchiere / glas
- lavatrice / vaskemaskin
- rubinetto / kran
- piastrelle / fliser
- vasino / potte
- lavandino / vask

toilette
toalett

latrina turca
ståtoalett

bidet
bidet

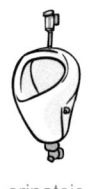

orinatoio
pissoar

carta igienica
toalettpapir

spazzola da water
toalettbørste

		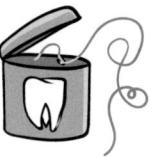
spazzolino da denti	dentifricio	filo interdentale
tannbørste	tannkrem	tanntråd
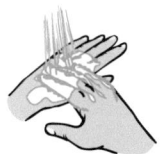		
lavare	doccetta	doccia intima
vaske	handdusj	intimdusj

bacinella	spazzola da bagno	sapone
oppvaskbalje	ryggbørste	såpe

gel da doccia	shampoo	spugna a rete
dusjsåpe	sjampo	vaskeklut

scarico	crema	deodorante
avløp	krem	deodorant

bagno - bad

specchio
spegel

specchio
handspegel

rasoio
barberhøvel

schiuma da barba
barberskum

dopobarba
barberingsvatn

pettine
kam

spazzola
børste

fon
hårfønar

lacca
hårspray

make up
sminke

rossetto
leppestift

smalto
naglelakk

ovatta
bomullsdott

forbice per unghie
naglesaks

profumo
parfyme

bagno - bad

borsetta da bagno   sgabello   bilancia
toalettmappe   krakk   vekt

accappatoio   guanti   assorbente interno
badekåpe   gummihanskar   tampong

assorbenti   bagno chimico
sanitetsbind   kjemisk toalett

stanza dei bambini
barnerom

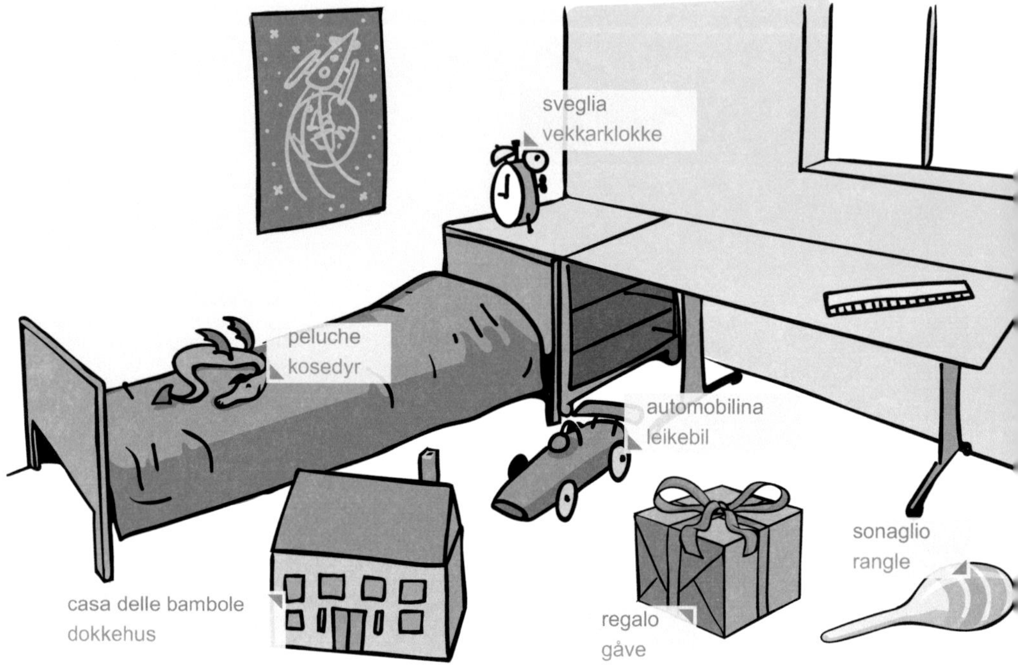

sveglia
vekkarklokke
peluche
kosedyr
automobilina
leikebil
sonaglio
rangle
casa delle bambole
dokkehus
regalo
gåve

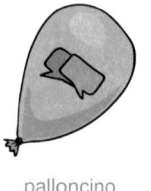

palloncino

ballong

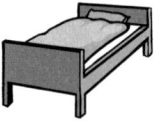

letto

seng

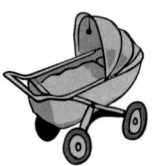

passeggino

barnevogn

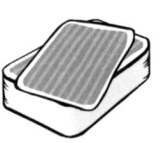

mazzo di carte

kortstokk

puzzle

puslespel

SUPER
MEGA

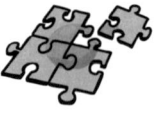

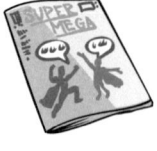

comic

teikneserie

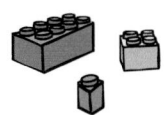
lego
legoklossar

mattoncini
byggjeklossar

action figure
actionfigur

tutina
sparkebukse

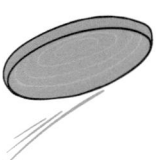
frisbee
frisbee

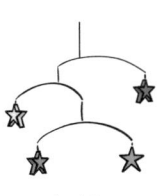
giostrina
uro

gioco da tavolo
brettspel

dadi
terning

trenino
togbane

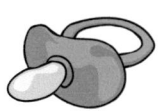
ciuccio
smokk

festa
fest

libro illustrato
biletbok

palla
ball

bambola
dokke

giocare
leike

stanza dei bambini - barnerom

sabbiera
sandkasse

altalena
gynge

giocattolo
leiketøy

console
spelekonsoll

triciclo
trehjulssykkel

orsetto
bamse

guardaroba
garderobeskåp

vestiti
klede

calzini
sokker

calze
strømper

collant
strømpebukse

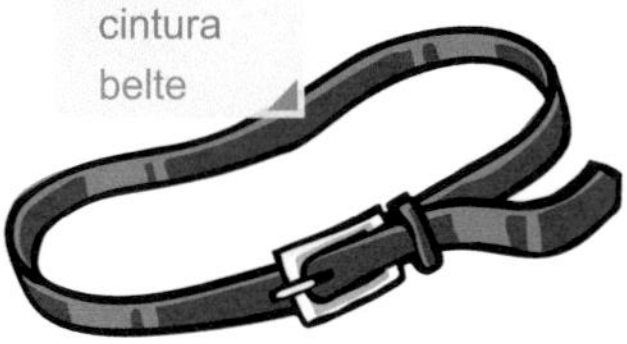

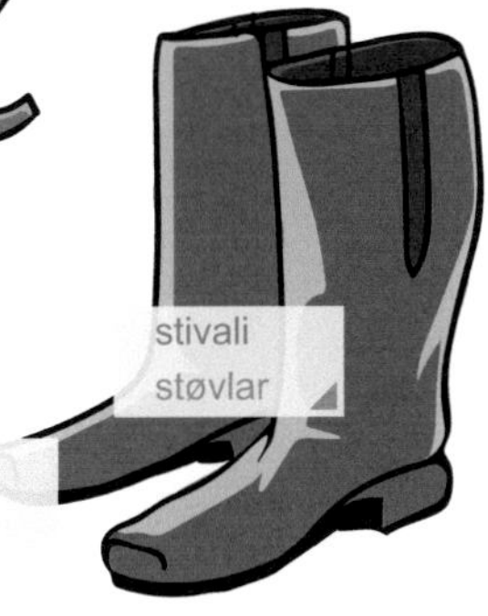

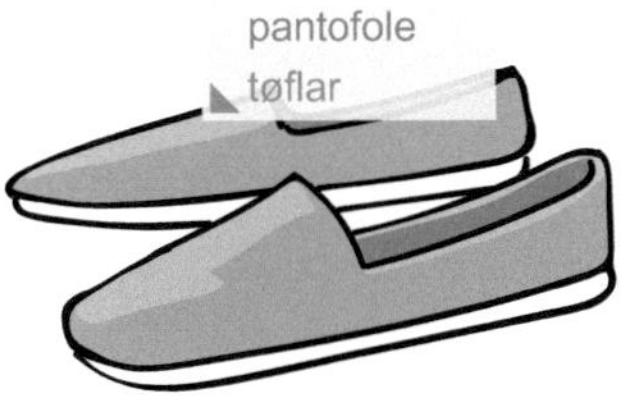

sciarpa
skjerf

ombrello
paraply

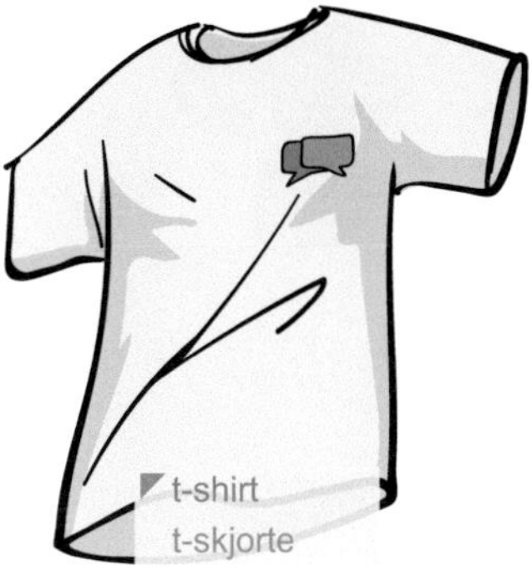

cintura
belte

t-shirt
t-skjorte

stivali
støvlar

pantofole
tøflar

scarpe da ginnastica
sneakers

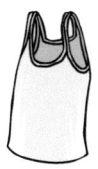

sandali
sandalar

scarpe
sko

stivali di gomma
gummistøvlar

mutande
underbukse

reggiseno
BH

canottiera
undertrøye

vestiti - klede

body
body

pantaloni
bukse

jeans
dongeribukse

gonna
skjørt

camicetta
bluse

camicia
skjorte

maglione
genser

felpa
hettegenser

giacca
dressjakke

giacca
jakke

cappotto
kåpe

impermeabile
regnjakke

tailleur
drakt

abito
kjole

abito da sposa
brudekjole

vestiti - klede

abito (da uomo)
dress

camicia da notte
nattkjole

pigiama
pyjamas

sari
sari

foulard
skaut

turbante
turban

burka
burka

kaftano
kaftan

abaya
abaya

costume da bagno
badedrakt

costume da bagno (maschile)
badebukse

pantaloncini
shorts

tuta da ginnastica
treningsklede

grembiule
forkle

guanti
hanskar

vestiti - klede

bottone
knapp

occhiali
brille

braccialetto
armband

collana
kjede

anello
ring

orecchino
øyredobb

berretto
lue

appendiabiti
kleshengar

cappello
hatt

cravatta
slips

zip
glidelås

casco
hjelm

bretelle
bukseselar

uniforme
skuleuniform

uniforme
uniform

vestiti - klede

bavaglino

smekke

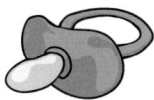

ciuccio

smokk

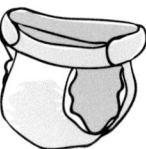

pannolini

bleie

uffico
kontor

- server / server
- schedario / arkivskåp
- stampante / skrivar
- carta / papir
- monitor / skjerm
- scrivania / pult
- mouse / mus
- raccoglitore / perm
- tastiera / tastatur
- cestino / papirkorg
- computer / datamaskin
- sedia / stol

tazza da caffè

kaffikopp

calcolatrice

kalkulator

internet

internett

portatile
bærbar pc

lettera
brev

messaggio
beskjed

cellulare
mobiltelefon

rete
nettverk

fotocopiatrice
kopimaskin

software
programvare

telefono
telefon

presa
stikkontakt

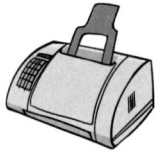
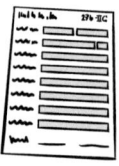

fax
faksmaskin

modulo
skjema

documento
dokument

economia
økonomi

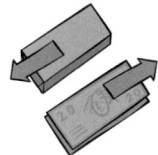
comprare
kjøpe

pagare
betale

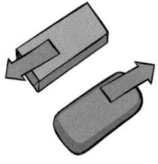
commerciare
handle

soldi
pengar

dollaro
dollar

euro
euro

yen
yen

rublo
rubel

franco svizzero
sveitserfranc

renminbi yuan
renminbi

rupia
rupi

bancomat
minibank

economia - økonomi

uffico di cambio vekslingskontor	oro gull	argento sølv

petrolio olje	energia energi	prezzo pris
		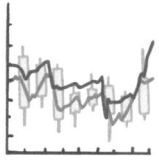
contratto kontrakt	tassa avgift	azioni aksje

lavorare jobbe	dipendente tilsett	datore di lavoro arbeidsgjevar

fabbrica fabrikk	negozio butikk	

economia - økonomi

professioni
yrker

poliziotto / politibetjent

vigile del fuoco / brannmann

cuoco / kokk

medico / lækjar

pilota / pilot

giardiniere
gartnar

falegname
snekkar

sarta
sydame

giudice
dommar

chimico
kjemikar

attore
skodespelar

professioni - yrker

autista dell'autobus
bussjåfør

tassista
taxisjåfør

pescatore
fiskar

donna delle pulizie
vaskedame

copritetto
taktekkar

cameriere
kelner

cacciatore
jeger

pittore
målar

fornaio
bakar

elettricista
elektrikar

operaio edile
bygningsarbeidar

ingegnere
ingeniør

macellaio
slaktar

idraulico
røyrleggjar

postino
postbud

professioni - yrker

soldato
soldat

architetto
arkitekt

cassiere
kasserar

fioraio
blomsterhandlar

parrucchiere
frisør

controllore
konduktør

meccanico
mekanikar

capitano
kaptein

dentista
tannlege

scienziato
forskar

rabbino
rabbi

imam
imam

monaco
monk

clerico
prest

professioni - yrker

attrezzi
verktøy

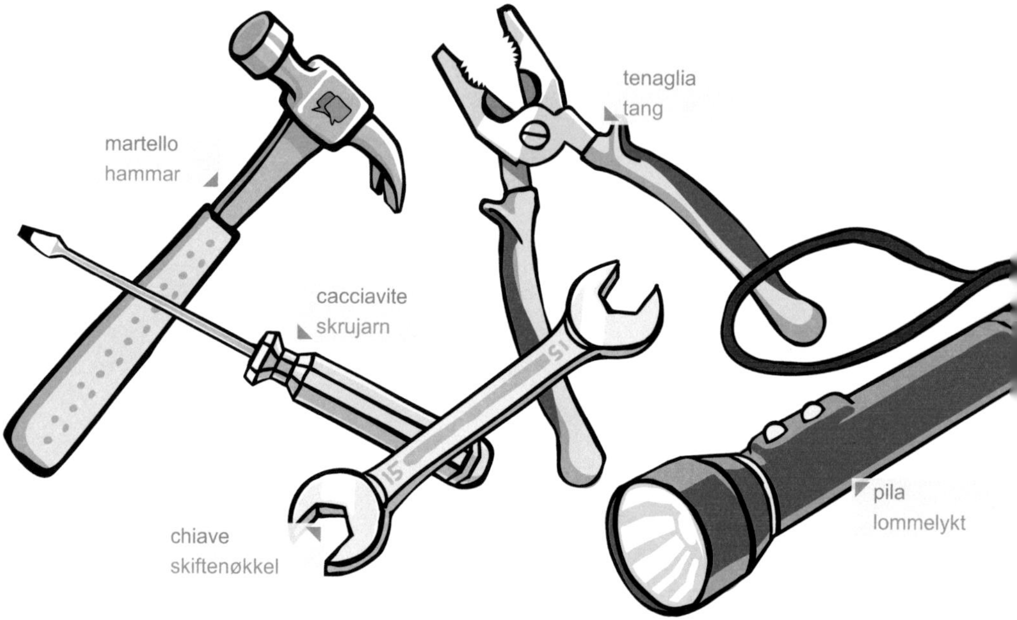

martello
hammar

tenaglia
tang

cacciavite
skrujarn

chiave
skiftenøkkel

pila
lommelykt

ruspa
gravemaskin

cassetta degli attrezzi
verktøykasse

scala
stige

sega
sag

chiodi
spikar

trapano
bor

riparare
reparere

pala
spade

Dannazione!
Søren!

paletta per l'immondizia
feiebrett

barattolo di colore
målingsspann

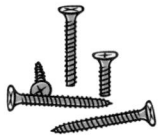

viti
skruar

strumenti musicali
musikkinstrument

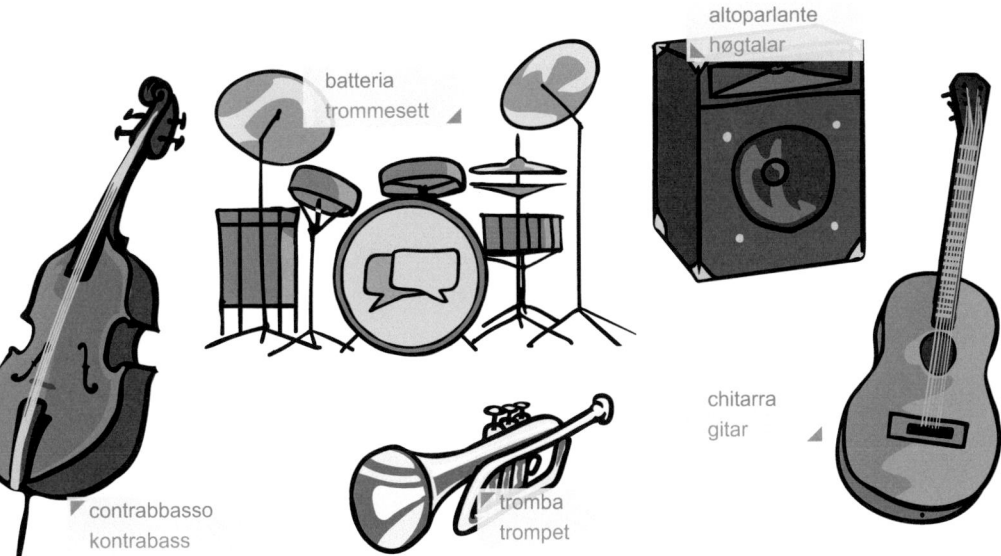

altoparlante
høgtalar

batteria
trommesett

contrabbasso
kontrabass

tromba
trompet

chitarra
gitar

strumenti musicali - musikkinstrument

| pianoforte | violino | basso |
| piano | fiolin | bass |

| timpano | tamburo | tastiera |
| pauke | trommer | keyboard |

| sassofono | flauto | microfono |
| saksofon | fløyte | mikrofon |

strumenti musicali - musikkinstrument

zoo
dyrehage

tigre / tiger
gabbia / bur
zebra / sebra
mangime / dyrefôr
entrata / inngang
panda / panda

animali
dyr

elefante
elefant

canguro
kenguru

rinoceronte
nashorn

gorilla
gorilla

orso
bjørn

cammello
kamel

struzzo
struts

leone
løve

scimmia
ape

fenicottero
flamingo

pappagallo
papegøye

orso polare
isbjørn

pinguino
pingvin

squalo
hai

pavone
påfugl

serpente
slange

coccodrillo
krokodille

guardiano
dyrepassar

foca
sel

giaguaro
jaguar

zoo - dyrehage

pony
ponni

leopardo
leopard

ippopotamo
flodhest

giraffa
giraff

aquila
ørn

cinghiale
villsvin

pesce
fisk

tartaruga
skilpadde

tricheco
kvalross

volpe
rev

gazzella
gaselle

zoo - dyrehage

attività
aktivitetar

saltare / hoppe
abbracciare / klemme
ridere / le
camminare / gå
cantare / syngje
sognare / drøyme
pregare / be
baciare / kysse

scrivere
skrive

disegnare
teikne

mostrare
vise

spingere
trykkje

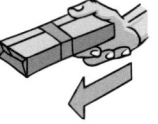

dare
gi

prendere
ta

avere
ha

fare
gjere

essere
vere

stare (in piedi)
stå

correre
løpe

tirare
dra

lanciare
kaste

cadere
falle

sdraiarsi
ligge

aspettare
vente

portare
bære

sedere
sitje

vestirsi
kle på seg

dormire
sove

svegliarsi
vakne

attività - aktivitetar

guardare
sjå på

piangere
gråte

accarezzare
stryke

pettinare
kjemme

parlare
snakke

capire
forstå

domandare
spørje

ascoltare
høyre

bere
drikke

mangiare
ete

riordinare
rydde

amare
elske

cucinare
lage mat

guidare
køyre

volare
flyge

attività - aktivitetar

veleggiare
segle

calcolare
rekne

leggere
lese

imparare
lære

lavorare
jobbe

sposare
gifte seg

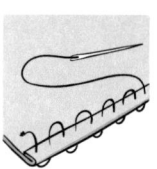

cucire
sy

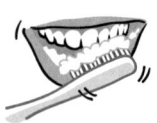

lavarsi i denti
pusse tenner

uccidere
drepe

fumare
røykje

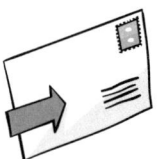

spedire
sende

attività - aktivitetar

famiglia
familie

nonna / bestemor
nonno / bestefar
padre / far
madre / mor
bebè / baby
figlia / dotter
figlio / son

ospite
gjest

zia
tante

zio
onkel

fratello
bror

sorella
søster

corpo
kropp

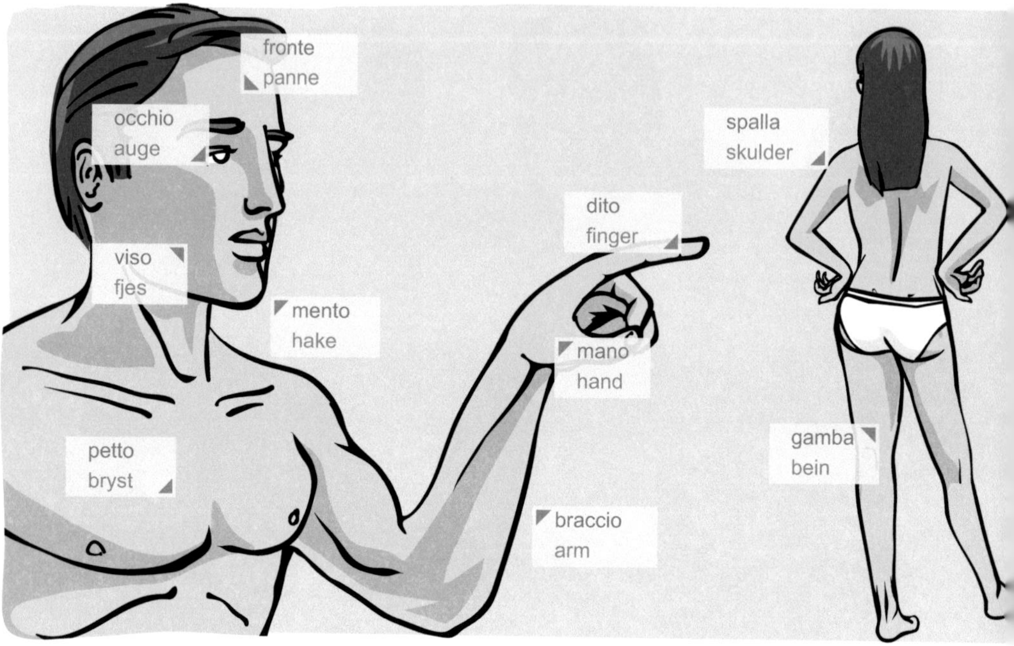

- fronte / panne
- occhio / auge
- viso / fjes
- mento / hake
- petto / bryst
- spalla / skulder
- dito / finger
- mano / hand
- braccio / arm
- gamba / bein

bebè
baby

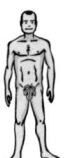

uomo
mann

donna
kvinne

ragazza
jente

ragazzo
gut

testa
hovud

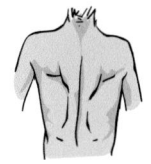

schiena
rygg

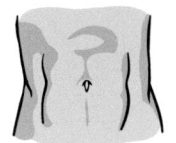

addome
mage

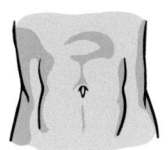

ombelico
navle

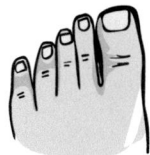

dito del piede
tå

tallone
hæl

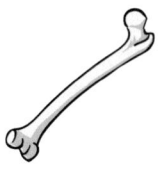

ossa
bein

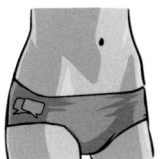

anca
hofte

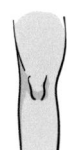

ginocchio
kne

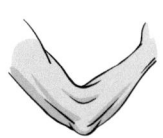

gomito
olboge

naso
nase

sedere
rumpe

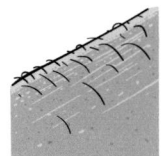

pelle
hud

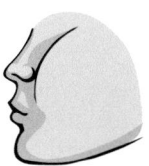

guancia
kinn

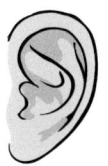

orecchio
øyre

labbra
leppe

corpo - kropp

bocca
munn

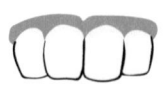
dente
tann

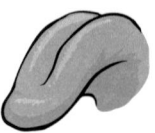
lingua
tunge

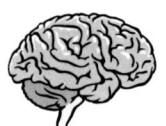
cervello
hjerne

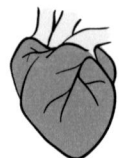
cuore
hjarte

muscolo
muskel

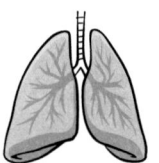
polmone
lunge

fegato
lever

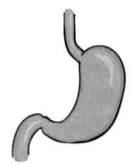
stomaco
magesekk

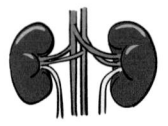
reni
nyrer

rapporto sessuale
samleie

preservativo
kondom

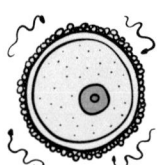
ovulo
eggcelle

sperma
sæd

gravidanza
graviditet

corpo - kropp

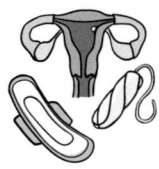  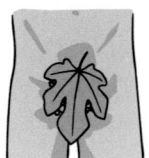

| mestruazioni | vagina | pene |
| menstruasjon | vagina | penis |

  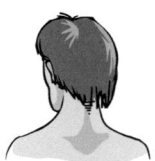

| sopracciglio | capelli | collo |
| augebryn | hår | hals |

corpo - kropp

ospedale
sykehus

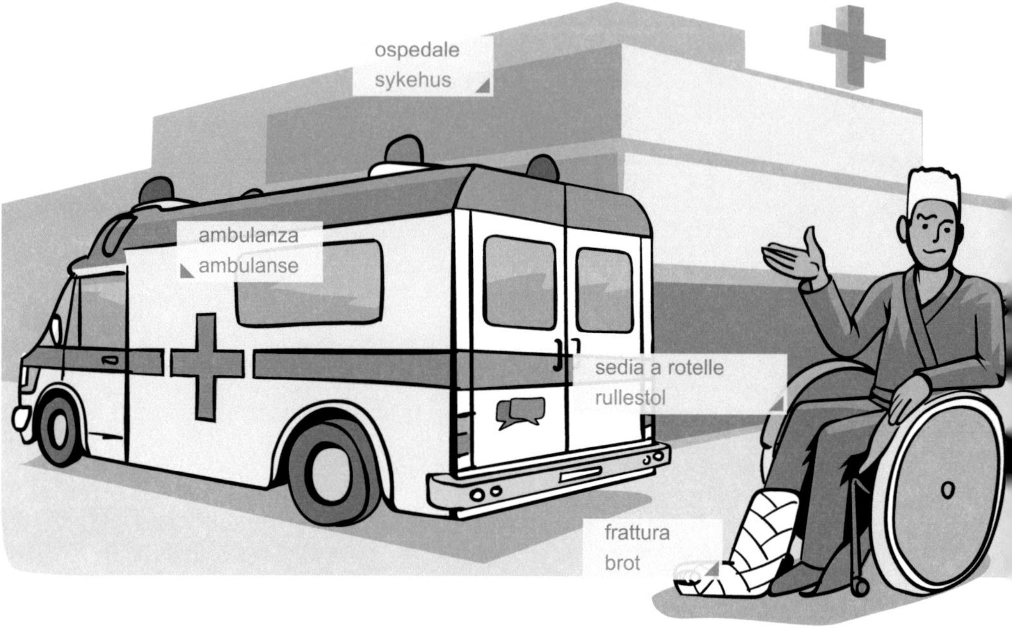

medico
lækjar

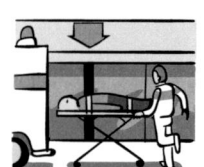

pronto soccorso
akuttmottak

infermiera
sjukepleiar

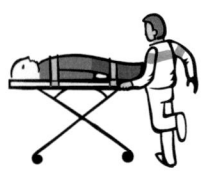

emergenza
naudsituasjon

svenuto
medvitslaus

dolore
smerte

 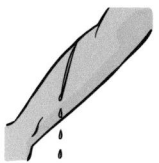 

ferita / skade   ferita / bløding   infarto cardiaco / hjarteinfarkt

ictus / hjerneslag   allergia / allergi   tosse / hoste

febbre / feber   influenza / influensa   diarrea / diaré

mal di testa / hovudpine   cancro / kreft   diabete / diabetes

chirurgo / kirurg   bisturi / skalpell   operazione / operasjon

ospedale - sykehus

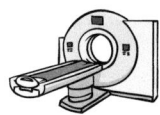	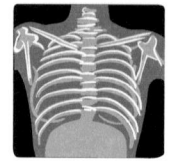	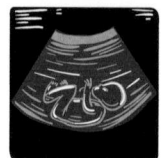
tomografia / CT	raggi x / røntgen	ecografia / ultralyd

mascherina / ansiktsmaske	malattia / sjukdom	sala d'attesa / venterom
	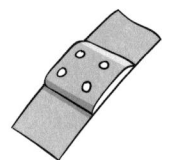	
stampelle / krykkje	cerotto / plaster	bendaggio / bandasje
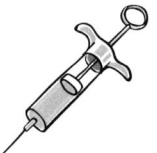	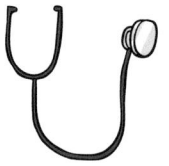	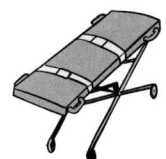
iniezione / injeksjon	stetoscopio / stetoskop	barella / båre

termometro / klinisk termometer	nascita / fødsel	sovrappeso / overvekt

ospedale - sykehus

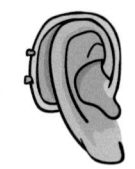

apparecchio acustico   disinfettante   infezione

høyreapparat   desinfeksjonsmiddel   infeksjon

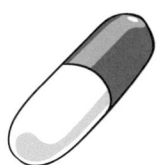

virus   HIV / AIDS   medicina

virus   HIV/AIDS   medisin

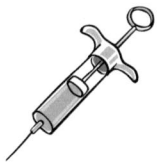
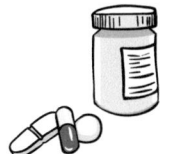

vaccino   pastiglia   pillola

vaksinasjon   tablettar   pille

chiamata d'emegenza   misuratore di pressione   malato / sano

nødanrop   blodtrykksmålar   sjuk / frisk

emergenza
naudsituasjon

Aiuto! — allarme — aggressione
Hjelp! — alarm — overfall

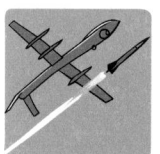

attacco — pericolo — uscita d'emergenza
angrep — fare — naudutgang

Al fuoco! — estintore — incidente
Brann! — brannsløkkingsapparat — ulykke

kit di primo soccorso — SOS — polizia
førstehjelpsskrin — SOS — politi

terra
jorda

Europa
Europa

Nord America
Nord-Amerika

Sud America
Sør-Amerika

Africa
Afrika

Asia
Asia

Australia
Australia

Atlantico
Atlanterhavet

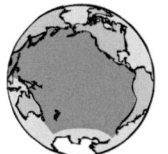

Pacifico
Stillehavet

Ocenao indiano
Indiahavet

Oceano antartico
Sørishavet

Oceano artico
Nordishavet

Polo nord
Nordpolen

Polo sud
Sørpolen

Antartico
Antarktis

terra
jorda

terra
land

mare
sjø

isola
øy

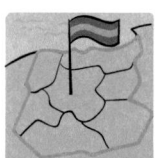
nazione
nasjon

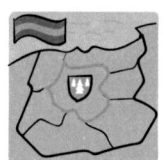
stato
stat

orologio
klokke

quadrante
urskive

lancetta delle ore
timevisar

lancetta dei minuti
minuttvisar

lancetta dei secondi
sekundvisar

Che ore sono?
Kva er klokka?

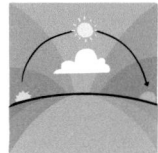

giorno
dag

tempo
tid

ora
no

orologio digitale
digitalklokke

minuto
minutt

ore
time

settimana
veke

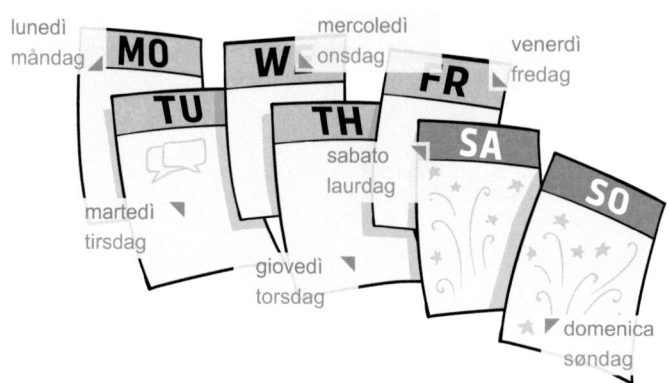

lunedì / måndag
martedì / tirsdag
mercoledì / onsdag
giovedì / torsdag
venerdì / fredag
sabato / laurdag
domenica / søndag

ieri
i går

oggi
i dag

domani
i morgon

mattino
morgon

mezzogiorno
middag

sera
kveld

gioni feriali
arbeidsdag

fine settimana
helg

settimana - veke

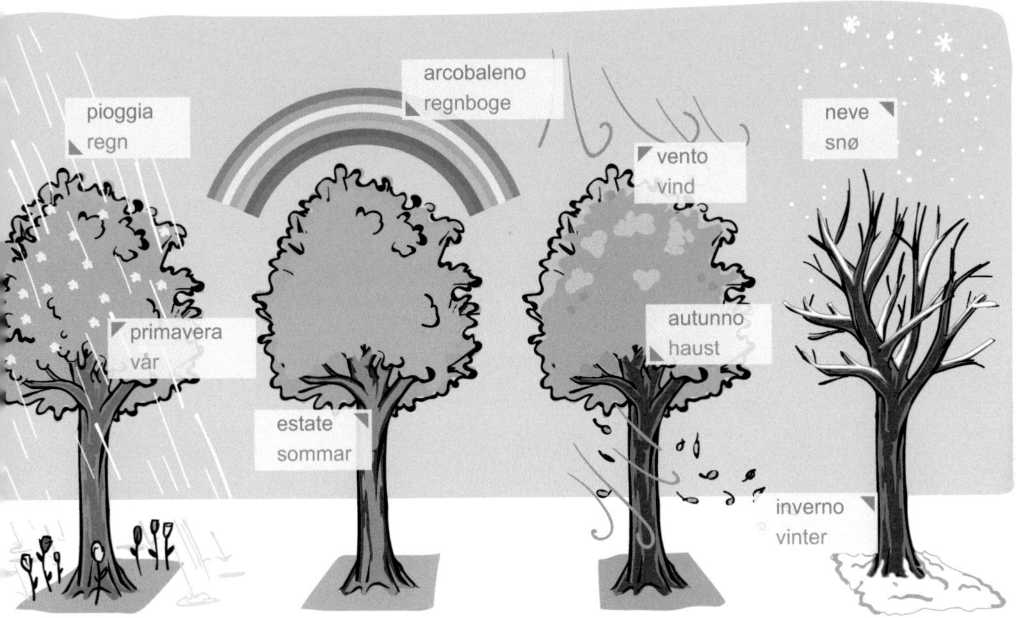

anno
år

pioggia / regn
arcobaleno / regnboge
vento / vind
neve / snø
primavera / vår
estate / sommar
autunno / haust
inverno / vinter

previsioni del tempo
vêrmelding

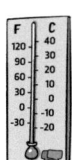

termometro
termometer

raggio di sole
solskin

nuvola
sky

nebbia
tåke

umidità
luftfuktigheit

fulmine
lyn

tuono
torden

tempesta
storm

grandine
hagl

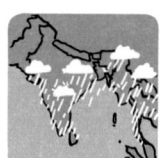
monsone
monsun

marea
overfløyming

ghiaccio
is

gennaio
januar

febbraio
februar

marzo
mars

aprile
april

maggio
mai

giugno
juni

luglio
juli

agosto
august

anno - år

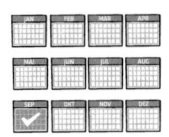
settembre
september

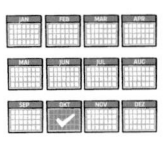
ottobre
oktober

novembre
november

dicembre
desember

forme
former

cerchio
sirkel

quadrato
kvadrat

rettangolo
rektangel

triangolo
triangel

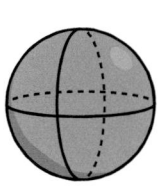
sfera
kule

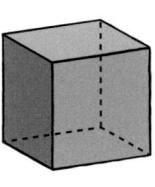
cubo
kube

colori
fargar

bianco
kvit

giallo
gul

arancione
oransje

rosa
rosa

rosso
raud

viola
lilla

blu
blå

verde
grøn

marrone
brun

grigio
grà

nero
svart

contrari / motsetnader

molto / poco
mykje / lite

arrabbiato / tranquillo
sint / roleg

bello / brutto
pen / stygg

inizio / fine
start / slutt

grande / piccolo
stor / liten

chiaro / scuro
lys / mørk

fratello / sorella
bror / søster

pulito / sporco
rein / skiten

completo / incompleto
fullstendig / ufullstendig

giorno / notte
dag / natt

morto / vivo
død / levande

largo / stretto
breid / smal

contrari - motsetnader

commestibile / immangiabile

etande / uetande

cattivo / buono

ond / snill

eccitato / annoiato

begeistra / lei

grasso / magro

tjukk / tynn

primo / ultimo

først / sist

amico / nemico

ven / fiende

pieno / vuoto

full / tom

duro / morbido

hard / mjuk

pesante / leggero

tung / lett

fame / sete

svolten / tørst

malato / sano

sjuk / frisk

illegale / legale

ulovleg / lovleg

intelligente / stupido

intelligent / dum

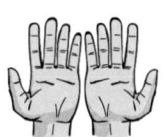

sinistra / destra

venstre / høgre

vicino / lontano

nær / langt unna

nuovo / usato
ny / brukt

niente / qualcosa
ingenting / noko

vecchio / giovane
gamal / ung

acceso / spento
på / av

aperto / chiuso
open / stengd

silenzioso / rumoroso
lågt / høgt

ricco / povero
rik / fattig

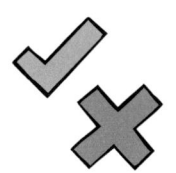
giusto / sbagliato
riktig / feil

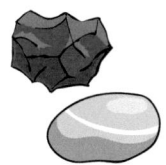
ruvido / liscio
ru / glatt

triste / felice
trist / glad

corto / lungo
kort / lang

lento / veloce
langsam / rask

bagnato / asciutto
vått / tørt

caldo / fresco
varm / lunken

guerra / pace
krig / fred

contrari - motsetnader

numeri
tal

0
zero
null

1
uno
ein

2
due
to

3
tre
tre

4
quattro
fire

5
cinque
fem

6
sei
seks

7
sette
sju

8
otto
åtte

9
nove
ni

10
dieci
ti

11
undici
elleve

12	**13**	**14**
dodici	tredici	quattordici
tolv	tretten	fjorten
15	**16**	**17**
quindici	sedici	diciassette
femten	seksten	sytten
18	**19**	**20**
diciotto	diciannove	venti
atten	nitten	tjue
100	**1.000**	**1.000.000**
cento	mille	milione
hundre	tusen	million

numeri - tal

lingue
språk

Inglese
engelsk

Inglese americano
amerikansk engelsk

Cinese mandarino
mandarin

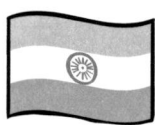

Hindi
hindi

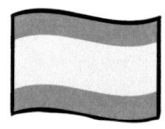

Spagnolo
spansk

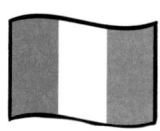

Francese
fransk

Arabo
arabisk

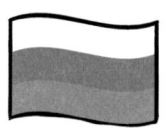

Russo
russisk

Portoghese
portugisisk

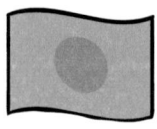

Bengalese
bengali

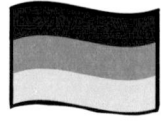

Tedesco
tysk

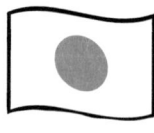

Giapponese
japansk

chi / cosa / come
kven / kva / korleis

io
eg

tu
du

lui /lei
han / ho / det

noi
vi

voi
de

loro
dei

chi?
kven?

cosa?
kva?

come?
korleis?

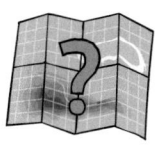

dove?
kvar?

quando?
når?

nome
namn

dove
kvar

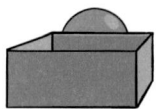

dietro
bakom

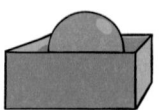

in
i

davanti
framfor

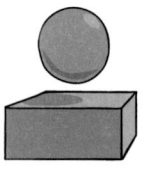

su
over

sopra
på

sotto
under

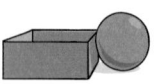

accanto
ved sida av

fra
mellom

località
stad